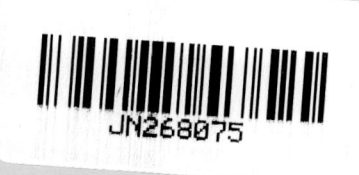

ワンランク上をめざす保育者のために

雨の日だいすき！
100倍楽しむ遊びの本

木村 研

いかだ社

はじめに

雨、雨、雨、今日も朝からずーっと雨、と書くだけで、うっとうしくなって、気がめいってきます。子どもたちだって雨の日は、ストレスがたまることでしょう。ケンカが多くなったり、何かとトラブルも多くなると思います。

そんな時、“雨の日だからできる遊び”“雨の日だからこそ楽しくなる遊び”の本があったらどんなにいいでしょう。そんな考えから生まれたのが本書です。

昨年、フィリピンの奥地（アブラ州）の幼稚園や小学校を回ったときのことです。むこうの子どもたち（大人も）は雨を嫌がらないんです。驚きでした。雨にぬれたまま平気で遊んでいるんです。大人も普通に歩いているんです。

湿度が低いからかもしれませんが、外に出てみると意外と気持ちがいいんですね。

ボクの子どものころは、雨には放射能が含まれているから傘をささずに外に出てはいけない、と注意されたものです。そのせいか、心のどこかで雨の日は外にいけない、と決めこんでいました。

そんなわけで、ボクが雨と友だちになることから考えました。室内の遊びだけでなく、雨の中、どうしたら外に出たくなるか、ドロンコ遊びをしたくなるか、と。すると、心がドキドキワクワクしてきたんです。その楽しさが伝わるといいですね。

だからといって、この本は雨の中も「外に出なさい」とススメている本ではありません。雨の日を豊かに過ごしてもらうための遊びの紹介の本です。ただ、季節によって、園によって、また、子どもたちの様子によってできないものもあると思います。保育者の方の判断で気をつけながらやって欲しいと思います。

子どもたちが雨の中、外に飛び出して行ったらどんなにステキでしょう。そのときこそ、子どもの心が豊かに育っている時だと思うからです。

本書の遊びは一つの例です。自由に変化させて、雨の楽しさを十分味わってください。そして、雨と友だちになってください。

２００６年5月

木村　研

目次

【作品づくりの前に用意しておくと便利な道具】

☆各ページの“用意するもの”には、その作品をつくるために必要なものを表示してあります。

- ●筆記用具…鉛筆・消しゴム・油性マーカー・不透明油性ペン（ペイントマーカー、水性ポスカ）・色鉛筆・絵の具・クレヨン
- ●接着道具…セロハンテープ・ガムテープ・布ガムテープ・両面テープ・ビニールテープ・木工ボンド
- ●切るときにつかう道具…ハサミ・カッター
- ●その他…ホチキス・穴あけパンチ・千まいどおし・キリ・定規

室内遊び
ポイントとアドバイス

●「傘で遊ぶと危険」という考えもあるかもしれません。でも〝どう扱うと危険が生じるのか〟を子どもたちにしっかりと伝えられれば、傘も遊びを素敵に盛り上げてくれる道具の一つになるし、逆に雨の日も人を思いやった扱いができるようになるのではないでしょうか。

●「今日は室内でどんな活動をするのかな」ということに合わせて、〝大人の禁止や指示をできるかぎり無くせる環境〟を準備したいですね。

●予想される子どもの行動をよく考えて、安全のために必要であれば、子どもたちと約束事をつくったりしますが、ワクワクドキドキ感が半減しない約束のつくり方を工夫したいですね。

●室内でもなるべく発散して遊びたいと思うとき、薄着で素足になってみませんか。
五感が刺激されやすいですよ。薄着なら思うようにからだを動かせるし、素足なら新聞紙一枚だって、足の裏でしっかり感じ取れるし、すべりにくくて安全です。

●「遊ばせよう」と思うより、大人もいっしょに楽しむ方向で全体を考えていくと、きっといい実践になっていくと思います。

気分はお天気キャスター

雨の日の実況中継

用意するもの★ダンボール箱

遊び方

大きめのダンボール箱を利用してテレビをつくります。
テレビの画面部分をくりぬき、後ろが見えるように箱の上と裏側は切りとります。
このテレビを、窓辺やテラスにおいて、みんなで雨を見ましょう。
保育者が、テレビの位置を移しながら雨の中継やお話をしてあげるとより楽しめます。

やってみよう

子どもがキャスターになって、テレビの後ろから（画面の中から）中継をしたり、アイドル気分で画面の中で歌ったりしてもいいですね。

用意するもの★
厚紙（厚めの画用紙）

雨がいちばん似合う景色はどこ？

雨の日の自然美術館

遊び方

厚紙か厚めの画用紙の中を四角に切りぬき、額をつくります。

●額は子どもたちが絵をかいたり色をぬったりして、オリジナルの額をつくっておきましょう。その額の中に、窓の外の景色をあてはめて自然の絵を完成させます。

よーし！ぼくは 木をいれよう！
どこにしようかな
せんせい みてー!!

どんな絵ができるかな

雨にぬれている花　黒い雲　アジサイの葉の上を歩くカタツムリ　ドロンコの長ぐつ　雨にぬれている三輪車　など。

魚になって海底散歩

潜水マスク

用意するもの★紙袋　セロファン（青）

遊び方

潜水マスクをかぶると、回りがみんな青く見えて海の中にいるみたいです。海中の気分を味わいながら、みんなで室内を見てみましょう。

つくり方

1　子どもの頭が入るくらいの紙袋の前面の中央部分を丸く切り取る。

2　切りぬいた穴をふさぐように、裏から青いセロファンを貼る。

●時間があれば紙袋に絵をかいたり、色をぬる。

絵や文字が消える!?

不思議な海のメガネ

用意するもの★
厚紙　セロファン（青）

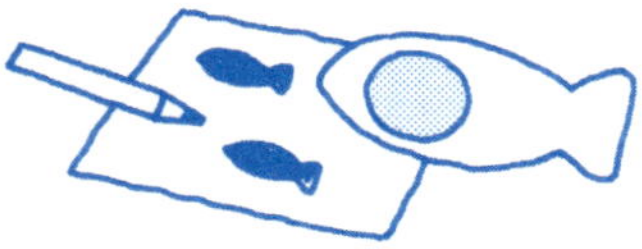

遊び方

画用紙に青いえんぴつで魚や文字をかいておき、海のメガネをかけて見ると、あらら不思議。魚や文字が消えてしまいます。

●セロファンは濃い目の青色にして、絵や文字はうすめの青えんぴつで書くとよい。

つくり方

1　78ページの型紙をコピーし、厚紙に貼る。

2　目の部分を切りぬき、裏側に青いセロファンを貼る。

見える？ 見えない！ 見えた!?

不思議不思議の暗号メガネ

用意するもの★厚紙　セロファン（青・赤）

遊び方

海のメガネの応用です。画用紙で不思議な暗号メガネをつくり、赤と青のえんぴつ（水性ペン）でかいた絵などを見てみましょう。青のメガネで見たら？　赤のメガネで見たら？
青のメガネで見ると青でかいた絵が消えて、赤でかいたものが見えますね。赤のメガネで見ると反対に青でかいたものが見えますよ。この仕組みを生かして暗号遊びをしましょう。

つくり方

1　78ページの型紙をコピーし、厚紙に貼る。
2　目の部分を切りぬき、裏側にセロファンを貼る。
※赤と青、２種類つくる。

暗号のかき方

ハガキサイズの画用紙に、赤と青のえんぴつ（水性ペン）で重ねて絵や文字をかく。

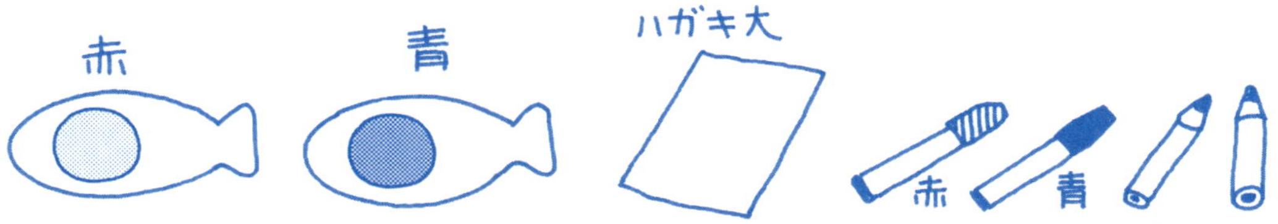

たどり着くかな？

用意するもの★新聞紙　ダンボール箱

新聞紙の迷い道

遊び方

ホールや教室の床に古新聞を広げ、ガムテープでつないで道をつくります。
道を行き止まりにしたり、迷い道にしたり、ダンボールの底をぬいてトンネルにしたりして、室内に町をつくり、みんなで新聞紙の道の上を歩いて遊びましょう。

★ワンポイント

新聞紙と新聞紙をつなぐだけだと、紙が動いて破れやすいので、ところどころ、新聞紙と床をガムテープでとめておくと歩きやすくなります。

やってみよう

教室から出て、となりの教室や園長室まで道をつなげても楽しいですね。

トンネルに
入るぞ!!
出られた!
ここは
3丁目だって
修理屋
さーーん
はーい!ボクが
なおしまーす
こっちは
行きどまりだ
どこまで
つづくのかな?

新聞紙の下を泳いじゃおう！

海底探検隊

用意するもの★新聞紙

遊び方

古新聞をつないで、部屋いっぱいになるように敷きつめます。新聞紙を海に見立て、チームに分かれて、新聞紙の下（海底）探検に行きましょう。新聞紙を破らないように通りぬけられるかな。

よし いくぞ!!
何にも ないよ〜〜
ここは どこだ？
宝を みつけたよ！
ブクブクブク
プハッ
もう いちど もぐるぞ
でられたぞーーっ

やってみよう

新聞紙の下にメモ用紙などに書いた宝を隠しておき、チーム対抗で探しましょう。
暗がりが怖い子のために、何か所か新聞紙を丸く切りぬいておき、外が見られるようにのぞき穴をつくっておくといいですね。

一人ひとりがデザイナー

巻き巻きファッションショー

用意するもの★新聞紙　チラシ　ビニール袋　など

遊び方

古新聞などを体に巻きつけたり、貼り合わせてレインコートをつくり、雨の日のファッションショーをしてみましょう。
モデルになった子は、長ぐつや傘など小物を効果的につかって、ちょっぴりきどって歩きます。
洋服だけでなく、カエルやてるてるぼうずなど、雨に関連があるものの変身ファッションも楽しいですね。

次は マリちゃんの
レイン コート
ファッションでーす
ポイントは
えり元だそうです
パチ パチ パチ

★ワンポイント
写真などをとっておくと記念になりますね。

やってみよう
ビニール袋に油性ペンで絵や模様をかいたり、模様に切った紙などを貼って、服をつくってもかわいいですよ。

みんな仲良く

雨の日のカルガモ探検隊

遊び方

保育者がカルガモの親になり「カルガモの子どもたち、散歩に行きましょう」と言って、中腰になって歩いていきます。子どもたちは保育者の後ろにつながって「カルガモさんぽ、カルガモさんぽ」とリズムを合わせながら歩き、廊下やテラスなど、園内を探検しましょう。
次々と子どもたちが加わって長い列になってもいいし、いくつものチームに分かれて、思い思いの場所を探検してもいいですね。

アドバイス

ニュースや新聞などで、カルガモ情報などをこまめにチェックしておき、子どもたちといっしょに見てムードを盛り上げてからやるといいでしょう。

ワンポイント

年少児の場合なら保育者は、子どもと向かい合い、先頭の子の手をとって後ろ向きに進みましょう。

イチ、ニ、イチ、ニ　声をそろえて

カルガモリレー

遊び方

4、5人で1チームになります。「よーいスタート」でカルガモ歩きをしながら、2、3メートル先に置いたイスを回ってリレーをします。

好きな動物にヘンシーン！

なりきり動物園

遊び方

子どもたちが思い思いの動物に変身。室内に動物園をつくってしまいましょう。
チームに分かれ、相談しながらイスや箱などを利用して動物の家をつくったり、動物の特徴を考えながらその動物になりきります。
動物グループと見学者グループに分かれてもいいし、年少児をお客さんにして、何の動物か当ててもらってもいいですね。

★ワンポイント
動物園に行く前や、帰ってきてからこの遊びをすると、より動物に対して興味をもつことでしょう。

応用

ぬいぐるみや人形、絵本などをつかって、家や遊具をつくって、人形たちの住む町づくりをしてみましょう。

やってみよう

ジェスチャーなどをして、動物当てクイズをやってみるのもいいでしょう。

移動する水族館?

傘の水族館

用意するもの★ビニール傘　色画用紙

遊び方

魚などの絵をたくさんかいて（カット集などをコピーして子どもが色を塗ってでもよい）、開いた透明のビニール傘に、セロハンテープで魚を貼り“マイ水族館”をつくりましょう。
魚を傘の裏側に貼っておけば、雨の中、外に出ても大丈夫ですね。雨を受けて魚がほんとうに泳いでいるように見えますよ。

応用

傘のふちに長いすずらんテープを貼ってクラゲに見立てたり、すずらんテープに魚や貝などを貼ってみましょう。

自分の星をつくっちゃおう

傘のプラネタリウム

用意するもの★ビニール傘
キラキラシート
カラーセロファン　布

遊び方

黒いビニール傘にキラキラシートなどで、星や月を貼って星空をつくりましょう。
傘に穴をあけ、外側からカラーセロファンやキラキラシートなどを貼っても、ステンドグラスふうでステキです。傘のまわりにスカーフなどの布で幕をつければ自分だけの星空ができますよ。

応用

七夕やお泊り会の時につかうのもいいでしょう。

水をかけると“ふあー”

カバくんのあくび

用意するもの★新聞紙　ストロー

遊び方

新聞紙のふちを使って図のようにカバの顔をつくります。折りたたんだ部分に、ストローの先に水をつけて一滴落とすと、カバが、ゆっくりと大きなあくびをしますよ。

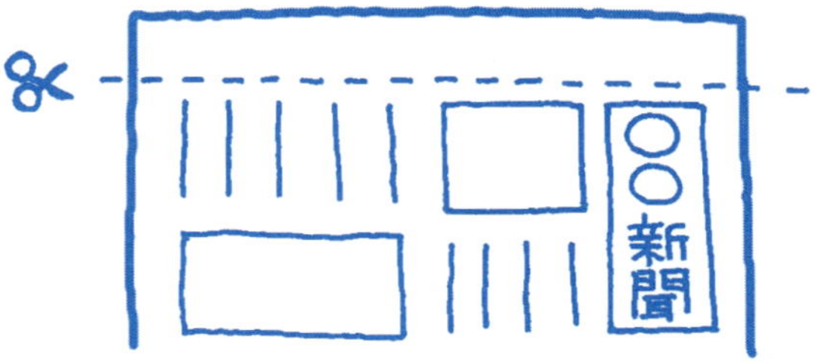

応用

カバの口の中に絵や文字をかいて、クジなどにすれば、また別の遊びに発展します。
また、ワニやヘビの顔にびょうぶ折りした新聞紙を貼りつけ、少しだけ水を入れた皿に浮かべてみましょう。口が開くのと同時に身体がニョロニョロと伸びていきます。

何個積めるかな

ギネスに挑戦

用意するもの★空きカン

遊び方

ジュースなどの空きカンをたくさん集めておき、カン積みに挑戦してみましょう。
カンに届かなくなったら、イスなどに乗ってさらに高く積んでみましょう。倒れると大きな音がしますから緊張感いっぱいのゲームです。
カンの飲み口部分に、布ガムテープなどを貼り、危なくないようにしてから、遊びましょう。

応用

☆空きカンを2,3個ずつ積み上げてピンに見立て、カンボーリングをしましょう。ボールをつかってもいいですが、新聞紙を丸めてボールをつくってもいいですね、形がいびつだと真っ直ぐに転がらず、難しくなります。
☆30㎝ぐらい間をあけて、2.3個積み上げたカンのゲートをつくり、カンに当たらないようにボールを転がしてみましょう。

超かんたん

ステンドグラス

用意するもの★ダンボール
折り紙　画用紙

遊び方

ダンボールの下敷きの上に折り紙サイズの画用紙を置き、えんぴつで穴をあけながら絵（形）をかき、好きな色の折り紙を下に敷いて重ねます。

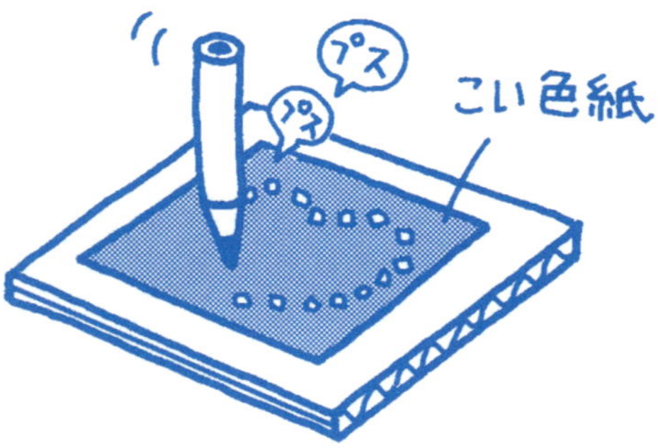

かんたん

ステンドグラス

用意するもの★色画用紙
カラーセロファン

遊び方

あらかじめ黒の色画用紙に図柄をかいてカッターなどで切りぬいておき、色のバランスを考えながら、裏側からカラーセロファンをスティックのりや木工ボンドなどで貼って仕上げます。できたらみんなの作品を窓辺に並べて飾りましょう。

注 木工ボンドは乾くと透明になるので仕上がりがきれいですが、つけすぎないよう気をつけましょう。

何度でも遊べる

かんたんゴム絵

用意するもの★発泡スチロール
カラー輪ゴム
ようじ

遊び方

びよ〜〜ん

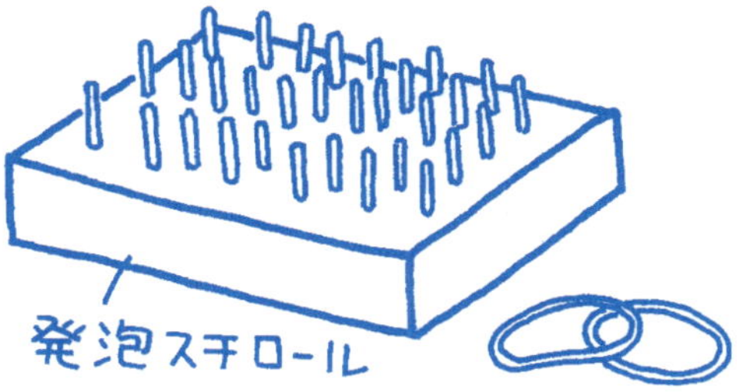
発泡スチロール

厚めの発泡スチロール板に、高さをそろえて、たくさんのようじを差しこみます。
「どんな形だったかな？」と、考えながらようじにカラー輪ゴムをかけていき、絵を完成させます。
最初は、花や星といった単純な図柄からはじめましょう。

ホシが
できたよ!!
何ができるかな？
せっせ せっせ

注 ようじを差しこむときに、先に木工ボンド（ビニール用がよい）をつけて差すとしっかりと固定できます。

【ワンポイント】
保育者が見本をつくっておき、最初はそれを見ながら同じようにやるのが良いでしょう。

磁石で動く！？

ビニール傘のカタツムリ競争

用意するもの★ビニール傘　モール　磁石

遊び方

保育者は、うずまき状に丸めたモールを入れた傘を逆さにして立ちます。
子どもたちはを傘の下から磁石をつかってモールを動かして遊びます。

やってみよう

●下敷きなどの上に切ったモールを置いておき、下から磁石を当てて動かしてみましょう。
●傘を開いて床におき、中に入って、上においたカタツムリを這わせましょう。斜めになっているとちょっと難しいかもしれませんよ。

クルクル回して

お天気占いルーレット

用意するもの★紙皿
画用紙　画びょう
ボタン

遊び方

紙皿でつくったルーレットゴマをつかってお天気占いをしてみましょう。
紙皿を占い表の中心に置き、押えるように指を置き回転させます。
止まったところが占いの答えです。

【ルーレットゴマのつくり方】

① あらかじめ紙皿の中心に画びょうで穴を開けておく。
※ワンポイント参照。

② 紙皿に絵をかく。
（ふちにも裏にも絵をかいてもよい）。
一箇所、外に向けて矢印を書く。

③ ボタンを、木工ボンドで紙皿の底の中心に貼る。

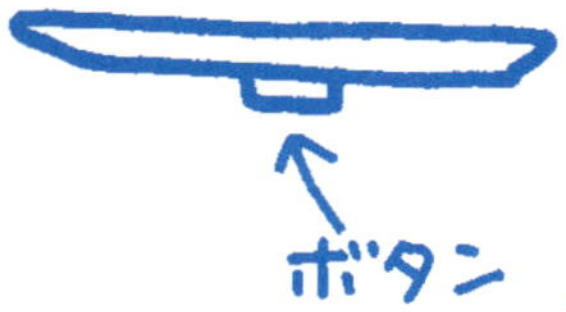

④ 画用紙を８等分し、占いのお天気をかく。

★ワンポイントアドバイス

中心の決め方は、紙皿を使って紙に円をかき、四つに折り中心を決める。
その紙を紙皿に合わせて中心に画びょうで穴をあけると、紙皿の中心の位置が決まる。

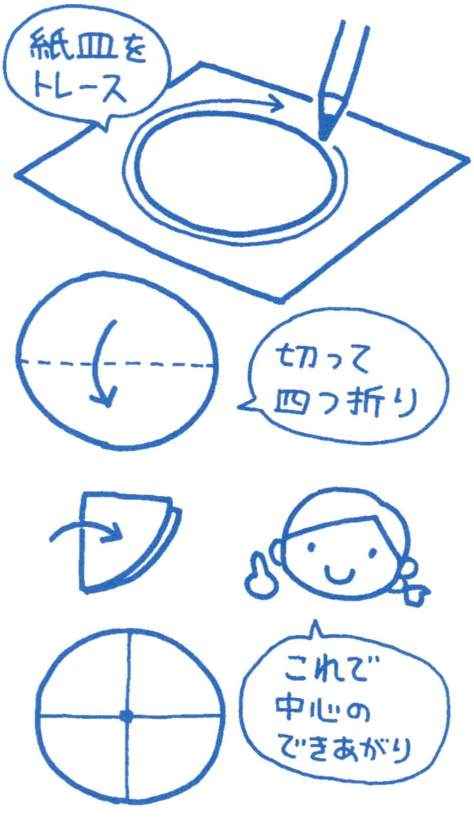

やってみよう

占い表に1から8の数字を書き、それぞれに占いをかいてみましょう。

〈例〉

1-とっても良い天気　2-夕立があるよ
3-風が強くなるよ　4-曇り　5-雨
6-台風になるよ　7-虹が出るよ　8-晴れのち曇り

応用

「点取りゲーム」「野球ゲーム」など、いろいろ考えてみましょう。

珍魚・怪魚がいっぱい

教室まるごと水族館

用意するもの★色画用紙
すずらんテープ

遊び方

チームごとに大きめの紙に魚をたくさんかきます。
かきあがったら、子どもの目の高さのかべ一面に貼ると、海の中にいる気分になりますよ。
すずらんテープなどを下げると、さらに海の雰囲気がでますよ。
●あらかじめ保育者が魚の絵をたくさんかいてコピーしておき、子どもたちが色をぬってから切って貼ってもよい。

ボクのさかなが いちばん 大きいよ!!
へんな さかなー

応用

魚とりゲームで遊ぼう

1　点数をつけた魚を床に広げておく。
2　離れた位置に線を引き、ここから紙皿の網を投げる。
3　紙皿が乗った魚の点数が得点になる。

出てくる出てくる
新幹線BOX

用意するもの★牛乳パック　画用紙

遊び方

新幹線をかいた用紙を丸めて、牛乳パックの中におさめておきます。先頭車部分を引き出し、引っぱりながら「出発進行!」。長い長い新幹線を走らせて遊びましょう。

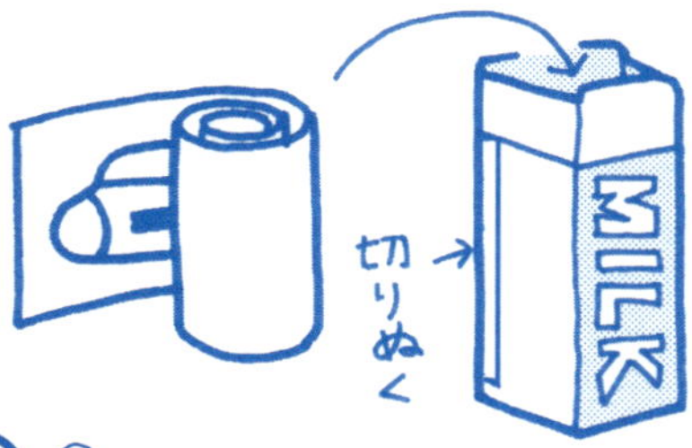

つくり方

1　牛乳パックのかどを幅3mmほど切りぬく。
2　牛乳パックの口を開いておく。
3　画用紙を12cmから16cmくらいの幅に切って、長くつないでおく。
4　その紙に長い新幹線の絵をかいておく。
5　紙を丸めて牛乳パックに入れ、切りぬいたところから新幹線の先を少し出しておく。

応用

空から降ってきた雨が海まで旅をして空にもどっていく「雨の旅」や、オタマジャクシがカエルになるまでの「成長ものがたり」のお話をみんなで考えて絵にしてみましょう。
●ケーキなどの大きな箱でつくると、安定がよいので引き出しやすいですよ。

雨の日のお友だち

てるてるぼうずで遊ぼう

用意するもの★傘袋　新聞紙（トイレットペーパー）　モール

遊び方

ビニールの傘袋を利用して、たくさんのてるてるてるぼうずをつくり、いろいろな遊びを展開しましょう。

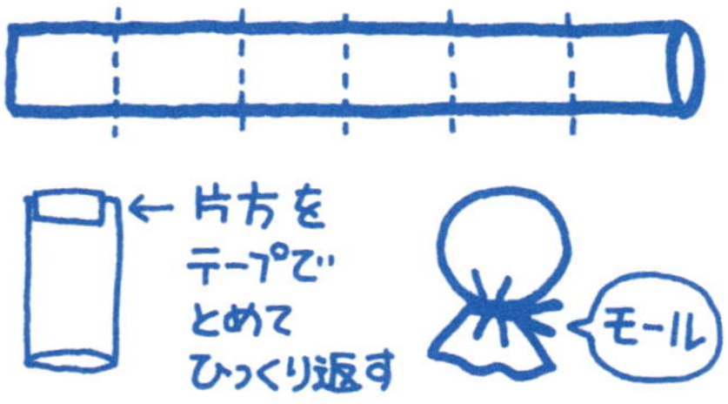

つくり方

1　トイレットペーパーか新聞紙を丸めてビニール袋に入れ、頭が丸くなるようにモールでしばる。
2　油性ペンで顔をかいておく。

傘の玉入れ

保育者が開いた傘を逆向きに持ち、その傘に向かって玉入れをしましょう。

トレビの泉

開いた傘を下におき、後ろ向きで玉入れをしましょう。

雨の日の応援団

子どもたちがつくったてるてるぼうずを、ズラーッと窓辺につるしておきましょう。

注　傘を振り回さないように、注意してから始めましょう。
ほねの先にガムテープなどを貼っておくとよいでしょう。
子どもたちが落ちつかないようなときには、迷わずやめるなどの判断もしてください。

やってみよう

新聞紙のてるてるぼうずの玉入れゲーム

中心を丸く切りぬいた新聞紙を保育者が２人で持ってかべになるように立ちます。子どもたちはてるてるぼうずを2個持って左右に分かれ、「スタート」の合図で、いっせいに玉入れをします。入れられた玉（てるてるぼうず）は相手のコートに投げ返します。

どこでもピタッ！

ペッタンてるてるぼうず

用意するもの★傘袋　新聞紙（トイレットペーパー）　モール

遊び方

傘袋のてるてるぼうずにガムテープを逆向きにしたものをつけ、的にペッタンとくっつけます。

ペッタンオニごっこ

オニ役がコートを着て的になり、背中を向けて子どもたちの前を横切ります。子どもたちは、逆巻きのガムテープをつけたてるてるぼうずを、オニに向かって投げます。

注 顔に向かって投げないように注意してから始めましょう。

ペッタン天気予報

的に「晴れ」「曇り」「雨」などとかいておき、てるてるぼうずを投げてペッタンとくっつけましょう。

はれに
あたりますように
くもり！

それっ
いまだ！
キャーッ
ササササッ

ポヨヨン　ポヨヨ～ン

用意するもの★新聞紙　レジ袋　輪ゴム

ジャンボヨーヨー

遊び方

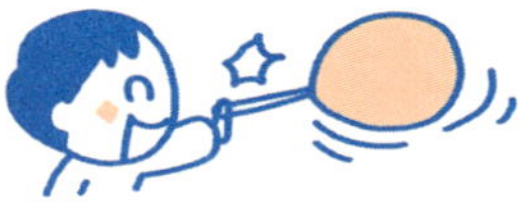

丸めた新聞紙をスーパーのレジ袋に入れてボールをつくり、上と下にそれぞれ輪ゴムを3本つないでくっつけます。そして、両方の輪ゴムを手にはめて前に押し出すようにすると、必ず手に戻ってくるので、ヨーヨーになります。

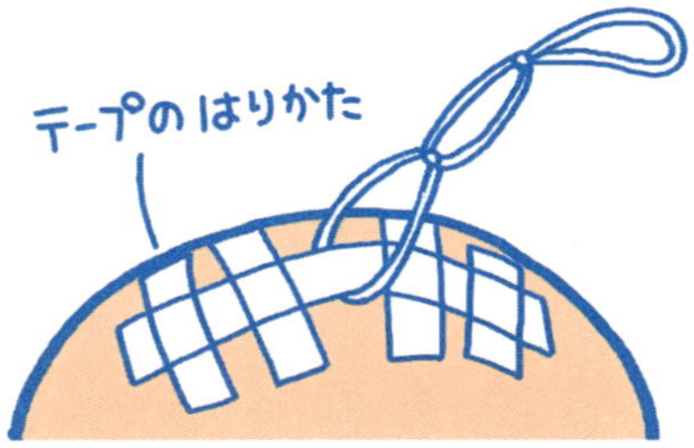

注 輪ゴムは何度もセロハンテープやガムテープで固定しましょう。

エキサイティング!

用意するもの★新聞紙　レジ袋　輪ゴム

パンチボール

遊び方

丸めた新聞紙をスーパーのレジ袋に入れ、ボールをつくって顔をかきます。
保育者が輪ゴムを足と手につけて、子どもたちにパンチをさせてあげましょう。片方を上からつるしておくだけでもOK。

応用

輪ゴムを足につければ、サッカーの一人キックの練習にもなります。

ますます興奮

用意するもの★新聞紙　レジ袋　輪ゴム

大玉パンチボール

遊び方

パンチボールより大きめなボールをつくり、輪ゴムを5、6本つないでボールにとりつけます。輪ゴムの一方を部屋の隅に固定しておき、ボールを引っぱって手を離すと、ボールが弾丸のように飛んでいきますので、当たらないようによけたりキャッチして遊びます。

応用

すずらんテープなどをつけたら音が出てにぎやかになります。

ちっちゃなカードで

てのひら紙芝居

用意するもの★画用紙　広告やチラシ

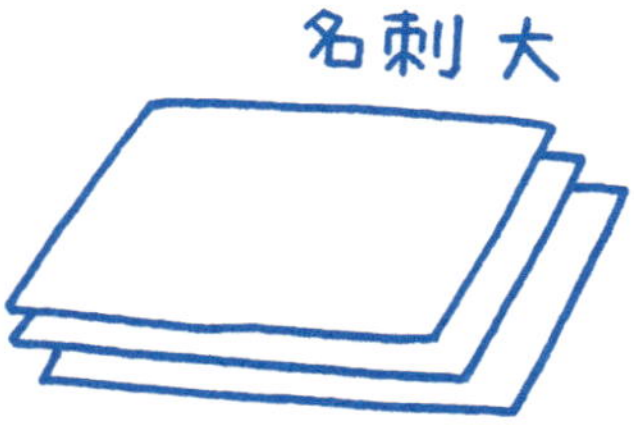
名刺大

遊び方

小さな画用紙で紙芝居をつくります。それを手のひらにのせて、少人数に読んで（素話でもよい）あげましょう。ストーリーは絵本などを参考にしてかいてもいいし、広告やチラシなどを切りぬいて貼ってもいいですよ。

つくり方

1　画用紙を名刺大に切り、台紙をつくる。

2　台紙に絵をかいたり、チラシの切りぬきなどを貼る。

市販の絵本

縮少コピーしてはる

SALE
ロロ二
スーパー
2割
3割
半額
広告やチラシはそのまま
切ってはる

完成！
おはなし
そのまま
絵を見せるだけでも
楽しいよ！

あるところに
りんごが大好きな
ネズミくんがいました

お花のえを
いっぱい
かこう
のり
できたら
みせあいっこ
しようね

外遊び
ポイントとアドバイス

●環境も整えましょう。
庭へはだしで出るなら、事前に危険物を取り除きます。汚れた手足を洗ったり、濡れたからだを拭くことがスムーズにできるように準備をしてから始めましょう。

●「雨の日も屋外で」という、日常の常識を超えるだけで、子どもたちはワクワクドキドキ。その気持ちを大切にすると共に、舞い上がりすぎてのトラブルには十分注意ができるように一人ひとりの様子をしっかりと把握しながら楽しみましょう。

●雨をからだで（五感で）感じてみようという日は、朝の診察をより丁寧に。保護者にも活動の内容を知らせて内科的にも外科的にも問題はないかしっかりチェックしましょう。

●雨の中に出てみたり、はだしで水たまりを楽しむには、からだに負担の無い季節や日を選んで行いましょう。

●雨をからだ中で感じた子どもたちの発見や驚きを一つずつ大切に受け止めて、それをクラス全体のものにしていくことを大切にしたいですね。

雨の中のドライブ

シートバスは満員です

遊び方

用意するもの★ビニールシート

4人〜6人くらいでビニールシートのはしを持ち、ビニールシートを屋根にして園庭に出ます。「お客さんはいませんかー？」バスに見立てたビニールシートの下にお客さんを乗せて「しゅっぱーつ!」。園庭を走ります。
屋根に当たる雨の音を聞きながら雨の日のバスハイクを楽しみましょう。

まもなく発車しまーす
お客さんはいませんかー？
のりまーーす！

やってみよう

はだしで園庭に出て、
土の感触を味わってみましょう。

こぼさないように気をつけて

シートの水集め競争

用意するもの★ビニールシート
ペットボトル　絵の具

遊び方

4人でチームをつくり、ビニールートを屋根にして園庭を一周し、シートにたまった水を容器（ペットボトルなど）に集めて、水の量を競います。
あらかじめチームの色を決めてペットボトルに絵の具を入れておくと、カラフルで区別しやすいですよ。

ちょっとまって
ゆっくり
ゆっくり

そのまま
そのまま
ザー
もう少し
かたむけて
こんなに
たまったよ!

葉っぱの裏側も見てみよう

雨の中の花はな・虫むし観察

遊び方

傘をさしたりレインコートを着て園庭に飛び出して、雨の日の花や虫たちの様子を観察してみましょう。晴れの日と違っていることがあるかな？ カタツムリなどを捕まえて観察するのもいいですね。
どこにどんな虫がいたかな？ 教室にもどってから、みんなで「園庭の花・虫地図」をつくってみましょう。

雨にぬれて お花が きれい!!
はっぱに 水の玉が できてるよ！
うえきばちの下に ダンゴムシが いるよ！
カタツムリ みっけ!!
あー ホントだ！

シトシトピッチャン

雨水集め

遊び方

玄関やテラスの軒下に形や大きさの違うさまざまな容器を置き、雨水を集める遊びです。
どんな容器が早く雨水がたまるかな？
みんなで予想しながら、雨の日を楽しみましょう。

もう いっぱいに なっちゃった！
ポトン
ポトン
ピチョン
てんてんてん
ポタポタポタ
ポチョン

やってみよう

大小さまざまな容器を伏せておき、雨だれがあたったらどんな音がでるのか、音の違いを聞いてみましょう。

雨降りだってへっちゃらだい

ビニールの海底トンネル

用意するもの★ゴミ袋　ひも

遊び方

ごみ用の大きなビニール袋の底を切り取ってつなぎ、トンネルをつくります。
トンネルの内側に油性ペンで絵をかいたり、魚などを貼ると、水族館の海底トンネルのようですね。
トンネル内にひもを2本通して、渡り廊下のように張れば、雨にぬれないで移動できます。
※下がたわむように低めにつるします。

上手に
とおれるかな？

海のそこ
だ～～～っ
ぜんぜん
ぬれないよ!!
でられたぞ！

やってみよう

黒や青などのカラービニール袋でつくり、キラキラシートやセロファンの星を貼れば、かんたんプラネタリウムにもなります。

お魚気分でス〜イスイ

傘のトンネル

用意するもの★ビニール傘
すずらんテープ

遊び方

保育者が傘をさして一列に並んで傘のトンネルをつくり、子どもたちを順番に通します。傘のふちにすずらんテープなどをつけて下げておくと、海の中を散歩しているように感じますよ。

サッ
ぴょん

そっちに
いくよ！

小さな天才

み〜んなピカソ

用意するもの★ビニール傘　絵の具

遊び方

絵の具をチューブからしぼり出すようにして、透明のビニール傘の外側に絵をかきます。その傘をさして雨の中に出ると、雨にぬれて絵の具が流れ出し、芸術的な作品(?)のできあがり。開いたままテラスで乾かし、みんなの作品を並べて展覧会をしましょう。

●絵の具が流れてきますから、汚れてもいい服装でやりましょう。

おもしろーい

どんどん
色が
まざっていくよ

何が流れてくるのかな？

雨水の水路

用意するもの★牛乳パック
バケツ　ペットボトル

遊び方

牛乳パックを縦半分に切り、長くつないで水路をつくっておきます。
バケツなどに集めておいた雨水をペットボトルに移して、水路の上から水を流します。
途中に水車をつくったり、葉っぱや紙の舟を流しても楽しいですね。
※水路の下にバケツを置いて流れてきた水をためておくと、何度でも利用できます。

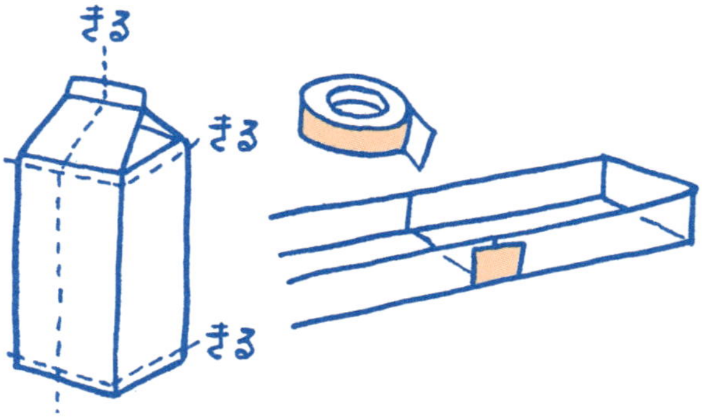
きる
きる
きる

はっぱが
ながれていくよ！
でて
きたよー

やってみよう

タンポポの茎や牛乳パックなど、いろいろな素材で水車をつくって遊んでみましょう。

目指せ！　イチロー

雨だれノック

用意するもの★ペットボトル

遊び方

軒下に立ち、ペットボトルのバットで、落ちてくる雨だれを相手にバッティングをしてみましょう。当たると音も楽しいし、野球も上手になるかも知れませんよ。

注

隣の子どもとの距離は十分にとりましょう。

やってみよう

テニスのラケットのつもりで打ってもいいですね。

雨上がり探検隊

遊び方

雨がやんだら園の周辺の散歩コースに探検に出かけてみましょう。
枝で水たまりの深さを測ったり、サトイモの葉っぱにたまった水を集めたり、クモの糸に光る水滴を発見したり、虹がかかっていたり……と、いつもとは違った景色に感動することでしょう。

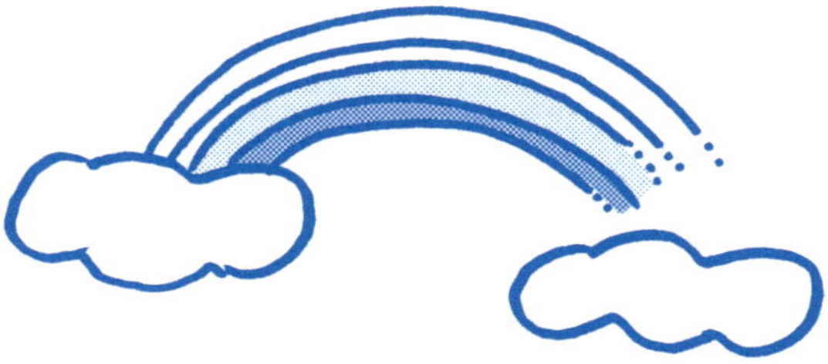

にじだ!!
きれいだねー
くものすが キラキラ してるよ！
お花も キラキラだね
ボクが うつってるよ！
このへん ぐちゃぐちゃだ!
雨のしずくが はこべるよ

小さくってもキラキラ

虹をつくろう

用意するもの★霧吹き

遊び方

太陽が出てきたら、太陽を背にして霧吹きでシュッシュッ。たくさん霧を吹いてみましょう。日が当たっているところにきれいな虹が写りますよ。

にじが できたよ!!
わあ きれーい!!
しゅーっ
先生 みてみてーっ
しゅーっ

汚れなんか気にしない

ペタペタドロンコ版画

遊び方

雨上がりの園庭にはだしで飛び出し、ぬかるみに入ってドロンコ遊び。ドロンコになった手や足を紙にペタペタと押します。
手形は、壁に貼った紙にペタリ。足型は、テラスに紙を置いてペタリ。乾いたらドロンコ版画の横に日付やサインをしておくといいですね。

にげろ！ にげろ！

ペタペタオニごっこ

用意するもの★新聞紙　レジ袋

遊び方

レジ袋や新聞紙で洋服をつくり、その洋服にドロンコの手形をつけるオニごっこです。最初にオニを一人決めておき、タッチされた（手形がついたら）人みんながオニになります。みんながタッチされたら、服を交換してまた最初からはじめましょう。

注 雨上がりの園庭はすべりますので、保育者は十分に気をつけましょう。

やってみよう

みんなで手形の服のファッションショーをやってみましょう。

思いっきりドロンコ遊び

大水だぞー

用意するもの★ペットボトル　木の枝など

ブクブク

遊び方

大きな砂山をつくります。山頂に池を掘り、山頂から下まで、うずまき状に水路をつけ、小枝の橋、落ち葉の舟などをおいて砂のジオラマをつくります。
完成したらペットボトルに水をくんできて、山頂からいっきに水を流します。くずれたら山をつくり直し、何度もやっていくうちにドロンコ遊びになっていくのも楽しいものです。

ながれた
ながれた
トポ トポ トポ
そっちに
いったよ!!
ザァー

応用

砂山の山頂からのうずまき状の道をていねいにつくり、「ビー玉競馬」をやってもいいですね。山頂の斜面に色の違うビー玉を複数並べておき、「スタート」の合図でとめ板をはずします。先にゴールに入ったビー玉が勝ちになります。

砂のパティシエ

砂場のケーキ屋さん

用意するもの★プリンなどのプラ容器
バケツ　小枝・葉っぱなど

遊び方

プリンなどの容器に砂をつめて型をぬきます。大小たくさんつくって、ケーキ屋さんごっこやままごと遊びをしましょう。バケツに砂をつめて型をぬき、小枝や葉っぱでデコレーションすると大きなケーキになりますよ。

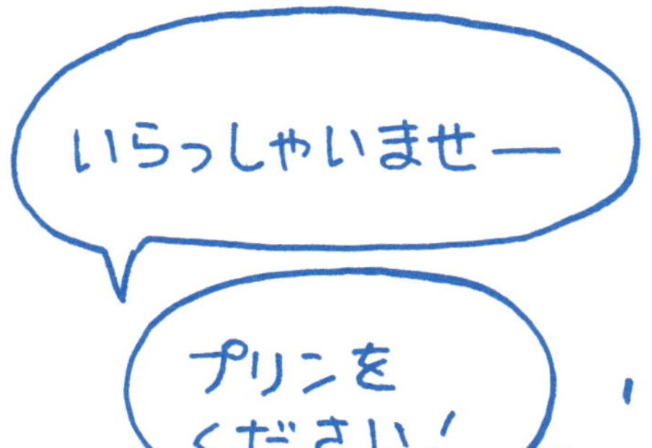
いらっしゃいませー
プリンをください!

ケーキがやけましたよー
パクパク
パク
ボクがかざるよ!!

汚れたって気にしない!

ドロンコサッカー

★用意するもの★新聞紙　ビニール袋

遊び方

新聞紙を丸めてビニール袋に入れ、ガムテープを十字に巻いてボールをつくります。
そのボールを持って雨上がりの園庭に出てサッカーをしましょう。ドロンコになって遊ぶサッカーも興奮しますよ。
●年少児などは、ただボールをけって遊ぶだけでもいいでしょう。

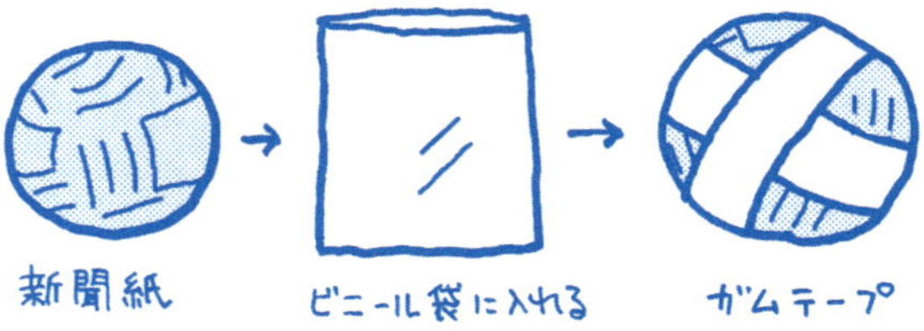
新聞紙
ビニール袋に入れる
ガムテープ

パスパス!!
キャッ　キャッ
こっち
こっち!!

ストライーック!

ドロンコピッチングマシーン

用意するもの★ダンボール箱

遊び方

ドロだんごをたくさんつくって、的当てをしましょう。
ダンボール箱などの的にぶつけるだけでもいいですし、バッターをかいたり、ストライクゾーンをかいておくと、野球ゲームになりますね。
点数をつけておけば、点取りの的当てにもなります。

何が出てくるかな?

ドロだんごの宝探し

用意するもの★ビー玉

遊び方

ドロだんごをつくり、そのいくつかにビー玉などの宝物をつめておきます。たくさんつくって並べておき、小さい子たちに、ドロだんごを割って宝探しをさせましょう。
●何も入っていないドロだんごがあってもいいですね。

ぬれても楽しい

かんたん水でっぽう

用意するもの★傘袋　ビニール袋　ストロー
シャンプーなどの空き容器

遊び方

●傘袋に先をとがらせたストローを差しこみ、セロハンテープで固定します。袋の中に水を入れて、水を飛ばして遊びます。

●ビニール袋をホースにかぶせて固定し、水をためてから、小さな穴をあけます。水の勢いを強くするとシャワーのように遠くに飛びますよ。

●あらかじめシャンプーやマヨネーズ、ケチャップの空き容器を用意しておき、それを水でっぽうにして水を飛ばして遊びましょう。

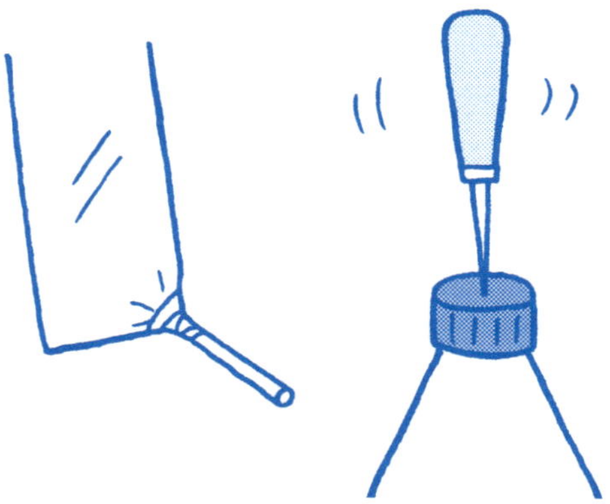

やってみよう

マヨネーズの容器などには、先に細いストローをつけてもいいですね。

よーし もっと とおくに
とばすぞ!!
ピューッ

ピュッと飛ばして

ミニ水でっぽうのお絵かき

用意するもの★お弁当用しょうゆ入れ　絵の具　画用紙

遊び方

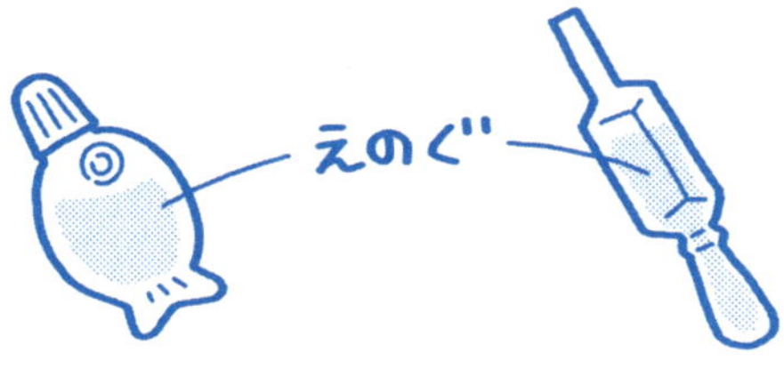
えのぐ

お弁当用の小さなしょうゆ入れにといた絵の具を入れ、かべに貼った画用紙めがけてピュッと飛ばして絵をかきます。どんな絵がかきあがるかな?色画用紙をはがきサイズに切り、手紙をかいてもいいですね。

お花が
かけたよ
ピュ!

ソロ～リ　ソロリ

トレイのスリッパでお散歩

用意するもの★スチロールトレイ　すずらんテープ

遊び方

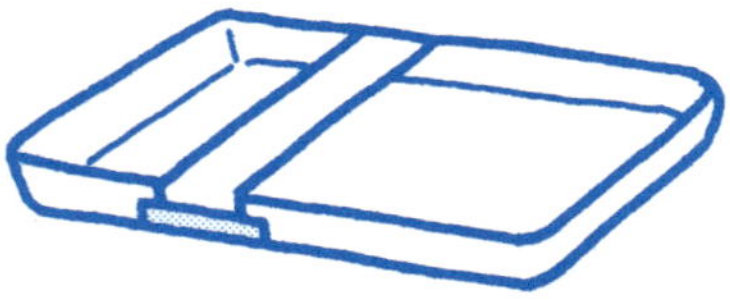

スチロールトレイをスリッパにして、雨上がりの園庭を一周してきましょう。
足を汚さずに戻ってきたらほめてあげましょう。

注 トレイはすべりますから、ドロンコになっていい服装で遊びましょう。

いってきまーす
ズリ ズリ
ひもなしでも あるけるよー

バシャバシャ跳ねよう

水たまり探し

遊び方

いつもはよけて歩く水たまりですが、たまには水たまりで思いっきり遊んでしまいましょう。園庭や公園などにできた水たまりを探し、水たまりの中に写った雲や自分の顔を見てみたり、範囲を決めておき、いくつの水たまりを見つけて、バシャバシャ跳ねられるか競争しても楽しいですね。

注 ぬれてもよい服装で遊びましょう。

みずたまり
みーつけた!!
パシャン
ピシャン
ちっちゃい
みずたまり!

うまく入るかな?

水たまりのトレイダーツ

遊び方

100

大きな水たまりにトレイの舟を浮かべて、トレイに小石やペットボトルのフタを投げ入れる遊びです。トレイに点数をかいたり、大きさの異なるトレイ舟を何個か浮かべておき、入った得点を競ってもいいですね。

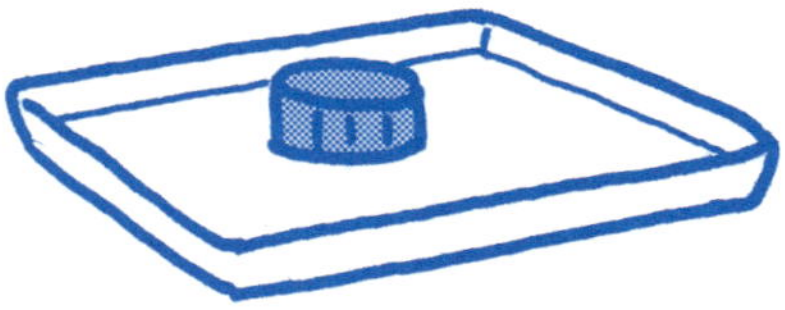

用意するもの★スチロールトレイ
小石　ペットボトルのフタ

よーし こんどこそ
やった! はいったよ!
ありゃっ はずれた
おしい!
カツン
えいっ

しずくも遊びの小道具

雨上がりのきらきらシャワー

遊び方

雨上がりの散歩にぴったりのわくわく遊びです。まだ、しずくが残っている葉っぱや木々をゆらして、しずくのシャワーを浴びてみましょう。大きな木に体当たりして、たくさんのしずくを浴びるのもドキドキしそうですね。

注 洋服がぬれないように、レインコートを着ていくと思いっきり遊べますね。保育者は、タオルを持っていくのをお忘れなく。

乳幼児の遊び
ポイントとアドバイス

●まだ言葉を思うように喋れない乳児の場合は、何をするときも、できるだけ一人ひとりの様子を、細かく見ようとする配慮が必要ですね。声だけでなく、表情やからだの動き、回りとのかかわりなど、できるだけたくさんの情報をつかんで、体調や要求を正確にキャッチしてあげたいですね。

●安全には十分な注意をしましょう。まだ自分の持っている力がわからない乳幼児です。興味を持てばまず近づき、触り、口に入れてみたり、倒してみたり、登ってみたり、ほんの少しのスキに誤飲や転倒、転落などがおこります。触るかもしれない・登るかもしれない・引っ張るかもしれない……と様々なことを予想して安全を確保しましょう。

●子どもが声や態度で発見や楽しさを訴えてきたら、丁寧に言葉を添えながら共感してあげましょう。いつも自分の思いに共感してくれる大人がいることで、安心し、次への意欲も育ちます。

舟といっしょにゆら〜りゆらり

ゆらゆらボート

遊び方

保育者は座って足を伸ばします。向かい合うように子どもをひざの上に座らせ、両手をつなぎます。「ボートに乗って遊びましょ」といって、ボートをこぐように、からだを前後・左右にゆらします。
「波がきたよー」と大きくからだをゆらしたり、「ドボーン」と抱いたまま床に転覆(寝ころぶ)したり変化をつけましょう。

あらしが
きたよー

どぼーん
キャッ キャッ

動物の赤ちゃんになろう

赤ちゃんだっこ

遊び方

何の動物の赤ちゃんになりたいかを聞いて、お母さん動物になった気持ちで子どもをだっこしてあげましょう。

おさるの赤ちゃん

保育者の胸にだき、首にしっかりとつかまらせたら、四つんばいになって部屋を一周します。

コアラの赤ちゃん

保育者の背中に乗り、自分で首につかまらせます。四つんばいになって部屋を一周します。

ライオンの赤ちゃん

子どものわきの下を持って、宙ぶらりん状態で部屋を一周します。

キリンさん
だよー

キリンの赤ちゃん

肩車をして部屋を一周します。

ラッコさんが
およぎまーす

ラッコの赤ちゃん

だっこしたまま寝て、背泳ぎのように部屋を一周します。

ぎゅう〜〜っ
キャッ
キャッ

人間の赤ちゃん

子どもをだっこして、ぎゅっとだきしめます。

いちばん気持ちのよくなるような優しく暖かいだっこをしてあげます。

やってみよう

他にはどんな動物がいるかな?
知っている動物の赤ちゃんを
いっしょに考えてみましょう。

部屋の中に雨が降る？

用意するもの★新聞紙

大雨降らそう

遊び方

子どもたちと一緒に、新聞紙をびりびりに破りましょう。破ることが楽しい遊びです。たくさんためたら、保育者が「雨だよ」と頭の上からまいてあげましょう。
ぱらぱらと降らせたり、一度にどっと降らせるなどの変化をつけてみましょう。

雨だよーー
バッ
キャッキャッ
バアッ

応用

ちぎった新聞紙は、子どもが自由に入れるくらいのダンボール箱に集めておきましょう。みんなで集めてごみ拾い競争もできるし、箱の中に入って、プールごっこや、お風呂ごっこができます。

泳ぐように歩こう

雨降りトンネル

用意するもの★すずらんテープ　綿ロープ

遊び方

テープで
とめる

廊下の幅にロープを張り、すずらんテープを垂らします。それを何本もつくって、すずらんテープのトンネルにし、子どもたちが、雨の中をかけぬける気分ですずらんテープの雨の中を通りぬけます。

注 ぶつかったりすると危険です。逆方向に走らせないようにしましょう。

ユウちゃん
ばあっ!!

小さくたって主人公

小さなお話劇場

用意するもの★カラー軍手　色画用紙
ティッシュボックス

遊び方

カラー軍手の5本の指それぞれに、フェルトや画用紙でつくった顔を貼り、手にはめます。ティッシュボックスでつくった舞台の下から手を出すと、ミニシアターの完成。
軍手につけたキャラクターにあわせて、お話をしたり、歌をうたったりしましょう。

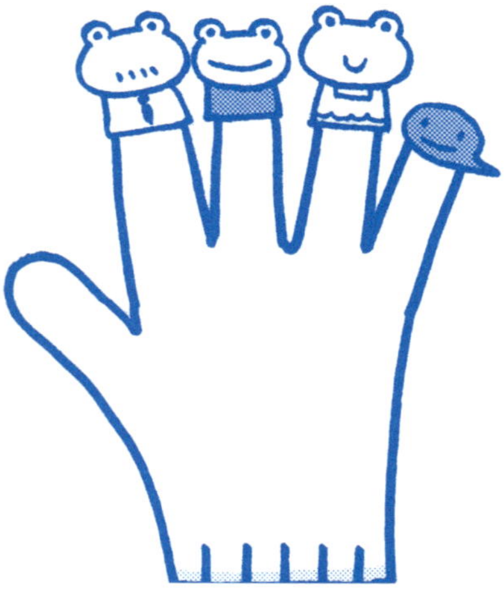

人形のつくり方

1　軍手の指の大きさに合わせて、色画用紙に顔をかき、軍手の各指にボンドなどで貼る。

2　ティッシュボックスの底を切り取る。時間があれば箱をきれいに飾る。

カエルくんが ごあいさつ
みんなーっ こんにちはー!!
ボクの かぞくを しょうかいするね
こんにちはー

くるりと回して

絵合わせボックス ●乳幼児・年少児向け

用意するもの★牛乳パック　色画用紙

遊び方

牛乳パックでつくった立体絵合わせのお天気パズルです。牛乳パックをくるくる回し、それぞれの面にかいてある絵を合わせて1枚の絵にします。「はやくお天気にしてちょうだい」と子どもたちに言葉かけをして、「太陽の絵」を出してもらってもいいですね。

つくり方

1　牛乳パック3本の口を閉じて、それぞれの面に紙を貼る。
（3本並べて一面ずつ色を変えておくとわかりやすい）

2　1の牛乳パックを3本並べて、それぞれを一場面として、晴れ、曇り、雨、雪の4場面の絵をかく。

※79ページの型紙をコピーして貼ったり、絵の得意な先生なら、子どもたちが遊んでいる様子も付け加えてもかわいい。

あ〜した天気になあれ

お天気占いサイコロ

用意するもの★牛乳パック　画用紙

遊び方

「明日の天気はなにかな?」といいながら、サイコロを転がして、お天気占いをします。

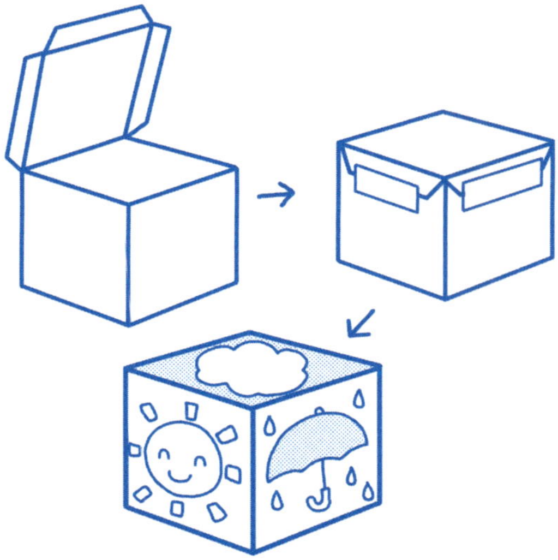

つくり方

●牛乳パックで下図のようなサイコロを人数分つくっておきます。

●6.5㎝×6.5㎝の画用紙（薄い紙でもよい）に、グー・チョキ・パーの絵(79ページの型紙)を印刷しておき、それぞれの絵を2枚ずつバランスよく6面に貼る。

※絵には、子どもたちに好きな色をぬってもらいましょう。

応用

ジャンケンサイコロ

それぞれが自分のサイコロを持ち、向かい合って「ジャンケン、ポン」といいながら、サイコロを転がして、ジャンケンの勝負します。勝ちぬき戦やチーム対抗、いろいろな遊びができます。

みんなでいっせいにやっても楽しいですよ。

高～くとんでけ

シャボン玉で遊ぼう

用意するもの★石鹸
砂糖（ガムシロップ）
ストロー

遊び方

ストローに液をたくさんつけて、そっと吹いてみましょう。

注 1　先の曲がるストローがつかいやすいです。間違えて液をつけたほうを吹くことのないよう、吹き口を決めておきましょう。

注 2　シャボン玉で遊んだ後は、手やつかった道具をきれいに洗いましょう。

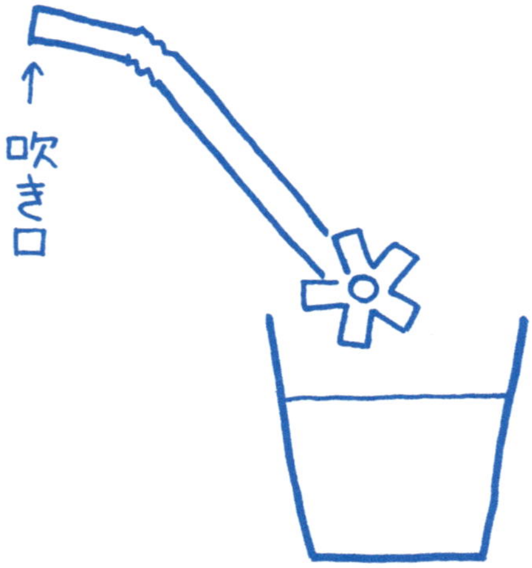
吹き口

石けん
ガムシロ
ぬるま湯

シャボン玉のつくり方

1　化粧石鹸をナイフなどで細かく削り、ぬるま湯に溶かす。
2　砂糖（ガムシロップ）などを入れるとシャボン玉が割れにくくなる。
※500ccの石鹸水に対して、砂糖水15cc程度が目安。

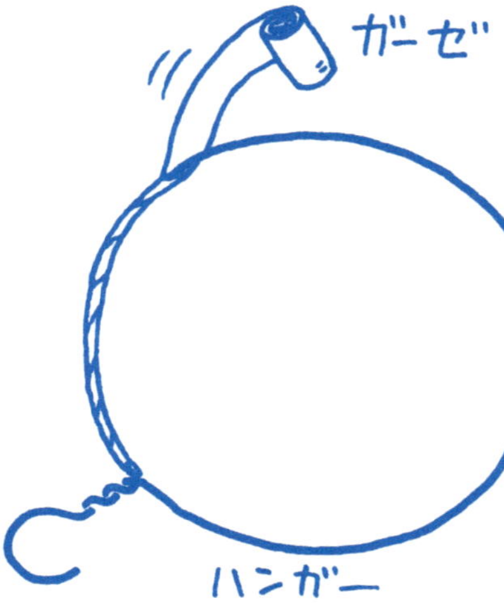
ガーゼ
ハンガー

やってみよう

大きなシャボン玉をつくろう

針がねハンガーを丸い形に整えて、ガーゼのような薄い布を巻きつけ、金魚すくいのような道具をつくります。それにシャボン液をつけて、ぬくように横に走らせると大きなシャボン玉ができます。

おもしろーい
きれーい
わっ
大きい!!
すごーい!

うちわのホネに液をつけて

フライ返しに液をつけて

★周りにあるいろいろな道具で試してみてね。

自分だけのきれいな模様

折り染め

用意するもの★障子紙（半紙）　絵の具
輪ゴム　パレット（皿）

遊び方

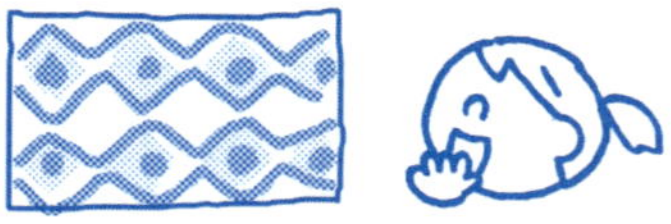

1　染料か絵の具をパレット(皿)に出す。何色かつくっておくとよい。
2　輪ゴムでとめた紙の角を、数秒間絵の具につける。他のかどにも同じように絵の具につける。色を変えたり、重ねたり自由に色をつけよう。
3　つけ終わったら、ていねいに開いて乾かす。

つくり方

1　障子紙を用意して半紙大に切り、細長く半分に折る。
2　さらに半分に折り、端からびょうぶ折りに折っていく。
3　ここからは正方形・三角形に折り、それぞれ輪ゴムで固定する。

1

2

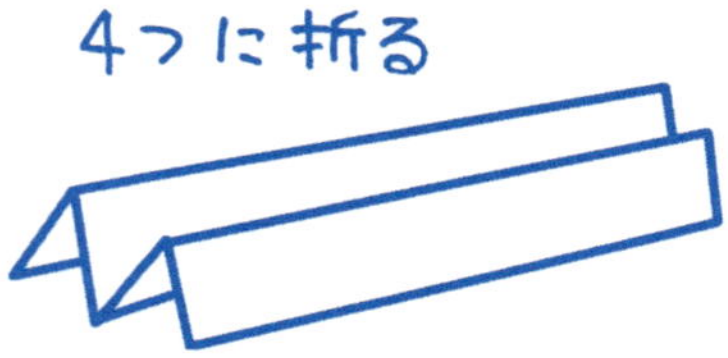

3

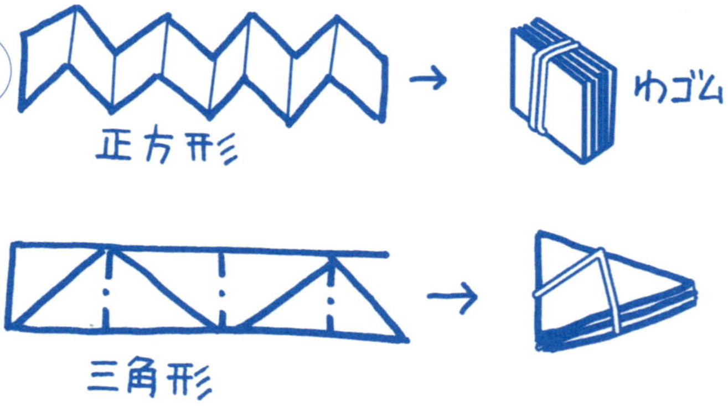

応用

何枚もつくって、乾いたら折り紙にしたり、箱や容器に貼って、いろいろな作品をつくりましょう。

みてーっ
きれーい!!

ちょきんばこが
できたよ!
これに
たからもの
入れるの
おりがみ
しよう
のり

【コピー型紙】

型紙をコピーして切り取り、作品づくりに役立ててください。つかい方は遊び方のページ参照。

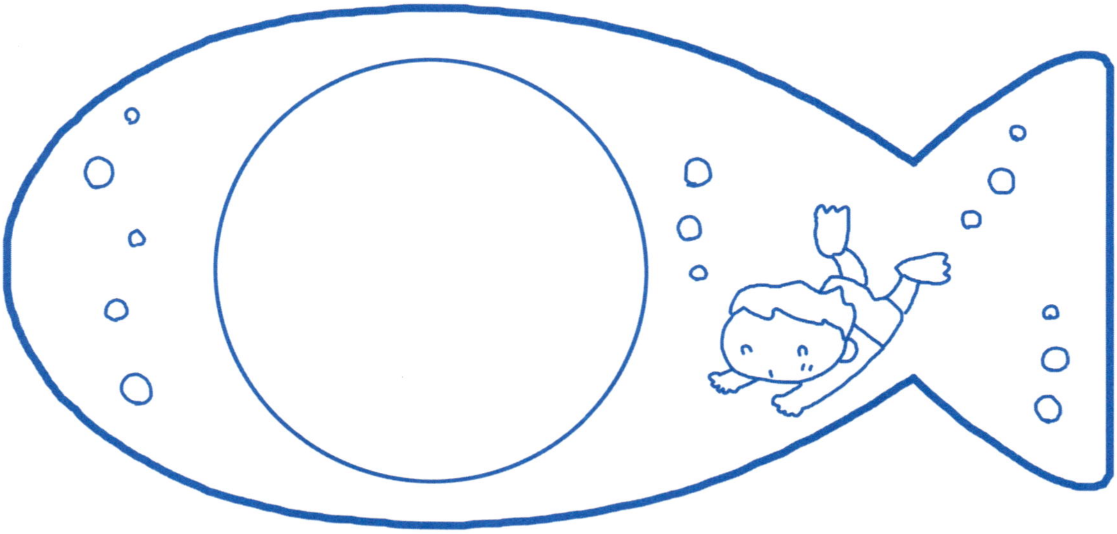

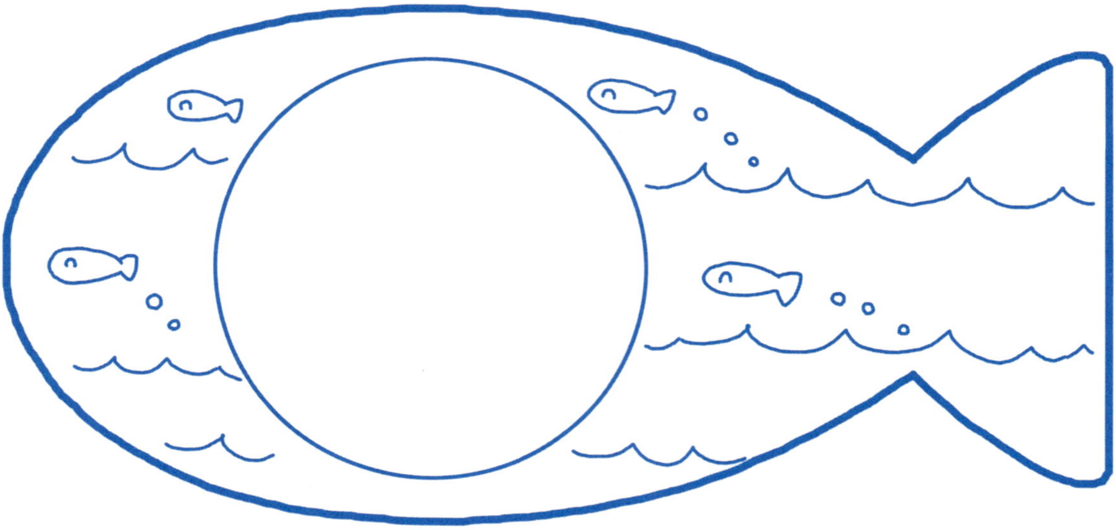

↑「不思議な海のメガネ」(8ページ)・「不思議不思議の暗号メガネ」(9ページ)でつかいます。

「絵合わせボックス」(72ページ)・「お天気占いサイコロ」(73ページ)でつかいます。→

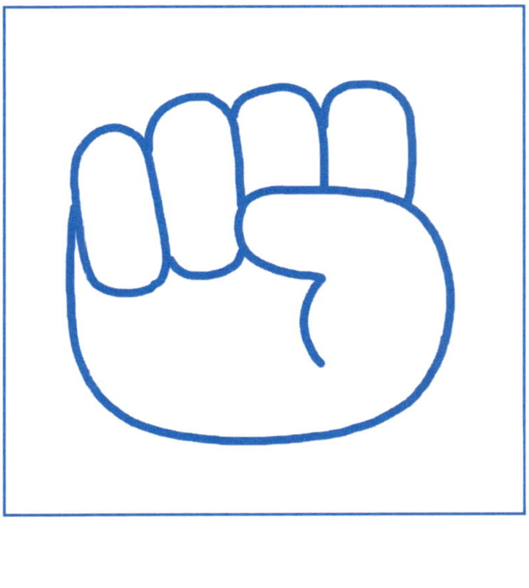

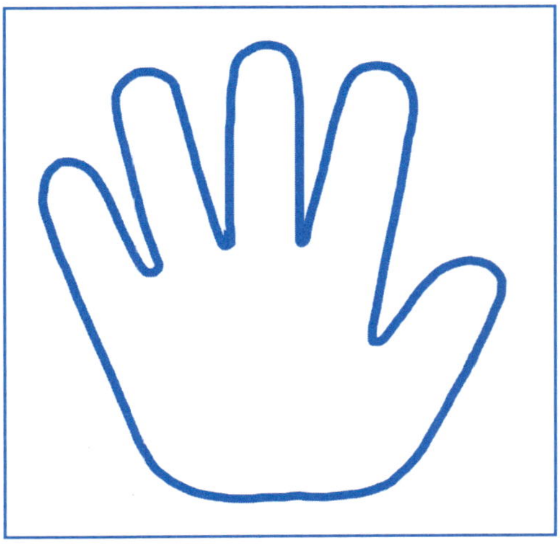

【編著者紹介】

木村《きむら》 研《けん》

1949年　鳥取県生まれ

現在　児童文学作家　日本児童文学者協会会員　あめんぼ同人

著書

『一人でもやるぞ！と旅に出た』『おねしょがなおるおまじない！』『おしっこでるでる大さくせん！』（以上、草炎社）
『999ひきのきょうだい』『999ひきのきょうだいのおひっこし』（以上、ひさかたチャイルド）
『わすれんぼうのぼう』（草土文化）
『子育てをたのしむ手づくり絵本』『遊ばせ上手は子育て上手』（以上、ひとなる書房）
「ゆびあそびシリーズ」（星の環会）
『手づくりおもちゃを100倍楽しむ本』『準備いらずのクイック教室遊び』
『準備いらずのクイック外遊び』『教室でできるクイック5分間工作』
『まるごと牛乳パック　リサイクル工作ランド』（以上、いかだ社）など

【イラスト】

藤田《ふじた》　章子《しょうこ》

1965年　山口県生まれ　現在　千葉市在住

日本児童教育専門学校絵本科卒　キャラクターデザインの他に漫画も手がける

著書

えほん『こねずみちったのあいうえお』（くんぷる）
コミック『天使じゃないのよ』コミック『ホップステップナース』（以上、桐書房）

編集●内田直子

ブックデザイン●渡辺美知子デザイン室+リトルこうちゃん

雨の日だいすき！ 100倍楽しむ遊びの本

2006年6月17日第1刷発行

編著者●木村　研©

発行人●新沼光太郎

発行所●株式会社いかだ社

〒102-0072 東京都千代田区飯田橋2-4-10加島ビル

Tel.03-3234-5365　Fax.03-3234-5308

振替・00130-2-572993

印刷・製本　株式会社ミツワ

乱丁・落丁の場合はお取り換えいたします。

ISBN4-87051-190-8